NEW HORIZON Elementary 完全準拠

エレン・ベーカー先生と学ぶ

小学生の
英単語ノート

あすとろ出版

もくじ

各ジャンルにわたしの一言コメントを付けています。単語を「書く」力は、これからの英語学習の土台になりますよ。わたしと楽しみながら、学習を進めていきましょう！

エレン・ベーカー先生

このノートの使い方

　このノートでは、小学英語教科書『NEW HORIZON Elementary English Course』*¹ にふくまれる、日常生活でよく使う47ジャンルの全ての単語を学ぶことができます。ジャンルごとに学べるので、教科書を使っているかたはもちろん、教科書を使っていなくても単語を「書く」力を身につけたいかたにもぴったりです。

このノートは

❶単語の音声を聞く *²

❷単語のつづりをなぞる

❸単語を書く

の3ステップで単語を「書く」力を高めることができます。

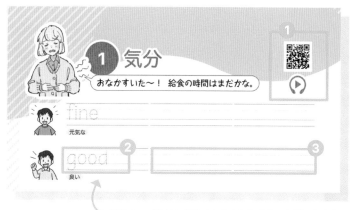

単語のつづりは矢印（≫）の方向になぞることができます。

音声をまねして発音すると、単語を「聞く」力も身につきます。

➕の単語は教科書の二次元コード内のコンテンツだけに入っている単語です。

単語の長さによって4線が3つのもの、4線が2つのもの、4線が2行（2つ）のものがあります。

ノートの色分けは教科書のジャンルの色分けと同様です。教科書で学習したジャンル順、集中して学びたいジャンル順など、どのジャンルから始めてもいいですよ。

ときどき先生が問題を出しています。答えはページ下にあります。

*¹ 教科書『NEW HORIZON Elementary English Course My Picture Dictionary』

*² 二次元コード内のコンテンツは無料で使えますが、通信費は別に発生することがあります。

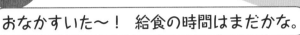
おなかすいた〜！ 給食の時間はまだかな。

fine

元気な

good

良い

great

すばらしい、すごい

happy

楽しい、幸せな

sad

悲しい

nervous

緊張（きんちょう）して

tired

つかれた

sleepy

ねむい

busy

いそがしい

hungry

空腹(くうふく)な

thirsty

のどがかわいた

angry

おこった

full

満腹(まんぷく)の

sick

病気の

次のイラストにあたる英単語を書いてみましょう

❶

❷

❸

答え　① fine　② happy　③ busy　　5

2 数

アメリカでも○の手の形は OK の意味があるよ。

numbers

数

1	one
	1

2	two
	2

3	three
	3

4	four
	4

5	five
	5

6	six
	6

7	seven
	7

8	eight
	8

9	nine
10	ten
11	eleven
12	twelve
13	thirteen
14	fourteen
15	fifteen
16	sixteen
17	seventeen
18	eighteen

19 nineteen
19

20 twenty
20

21 twenty-one
21

22 twenty-two
22

23 twenty-three
23

24 twenty-four
24

25 twenty-five
25

26 twenty-six
26

27 twenty-seven
27

28 twenty-eight
28

29 twenty-nine
29

30 thirty
30

40 forty
40

50 fifty
50

60 sixty
60

70 seventy
70

80 eighty
80

90 ninety
90

100 one hundred
100

0 zero
0

3 色

好きな色は緑だよ。

colors

色

white

白

red

赤

orange

だいだい

yellow

黄

green

緑

pink

もも(色)

purple

むらさき

brown

茶

black

黒

blue

青

light blue

水色

yellow green

黄緑

gold

金(色)

silver

銀(色)

4 形

アメリカでもツリーに星をかざることがあるよ。

shapes

形

circle

円

cross

十字形

diamond

ひし形

heart

ハート形

rectangle

長方形

square

正方形

star

星形

triangle

三角形

cube

立方体

次のイラストにあたる英単語を書いてみましょう

❶

❷

　答え　① heart　② star

5 スポーツ

サッカーをするのは久しぶりだよ。

sports

スポーツ

baseball

野球

basketball

バスケットボール

volleyball

バレーボール

dodgeball

ドッジボール

rugby

ラグビー

soccer

サッカー

tennis

テニス

table tennis

卓球(たっきゅう)

13

badminton

バドミントン

cricket

クリケット

gymnastics

体操(たいそう)

track and field

陸上競技(きょうぎ)

judo

柔道(じゅうどう)

kendo

剣道(けんどう)

sumo

相撲(すもう)

swimming

水泳

skateboarding

スケートボード

skiing

スキー

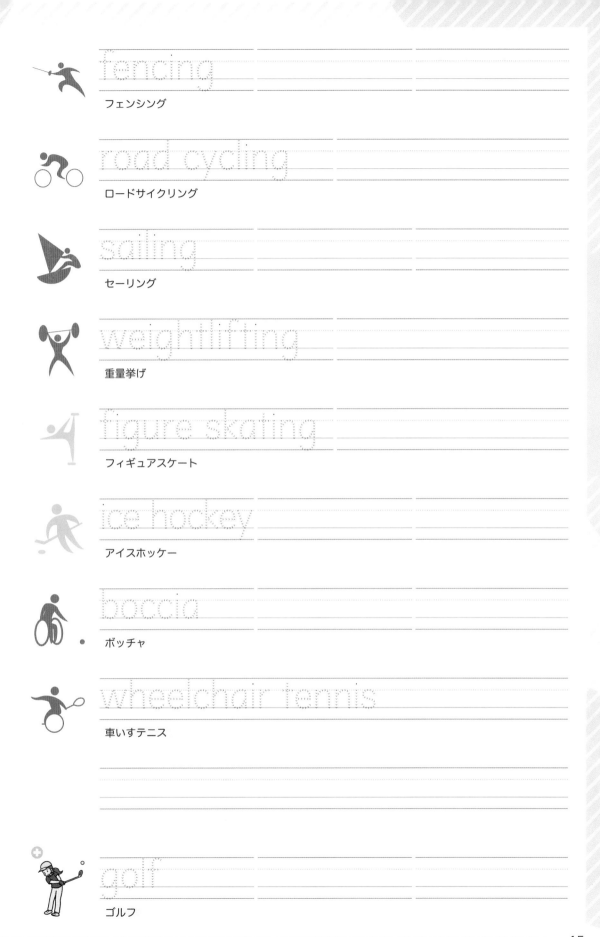

fencing

フェンシング

road cycling

ロードサイクリング

sailing

セーリング

weightlifting

重量挙げ

figure skating

フィギュアスケート

ice hockey

アイスホッケー

boccia

ボッチャ

wheelchair tennis

車いすテニス

golf

ゴルフ

karate

空手

marathon

マラソン

dancing

ダンス

softball

ソフトボール

skating

スケート

surfing

サーフィン

wrestling

レスリング

次のイラストにあたる英単語を書いてみましょう

①

②

　答え　① baseball　② tennis

6 食べ物

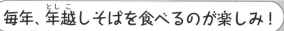
毎年、年越しそばを食べるのが楽しみ！

food

食べ物

rice

ご飯、米

rice ball

おにぎり

curry and rice

カレーライス

grilled eel

ウナギのかば焼き

grilled fish

焼き魚

bread

パン

sandwich

サンドイッチ

pancake

パンケーキ

pizza

ピザ

hamburger

ハンバーガー

hot dog

ホットドッグ

French fries

フライドポテト

fried chicken

フライドチキン

sausage

ソーセージ

steak

ステーキ

omelet

オムレツ

spaghetti

スパゲッティ

pie

パイ

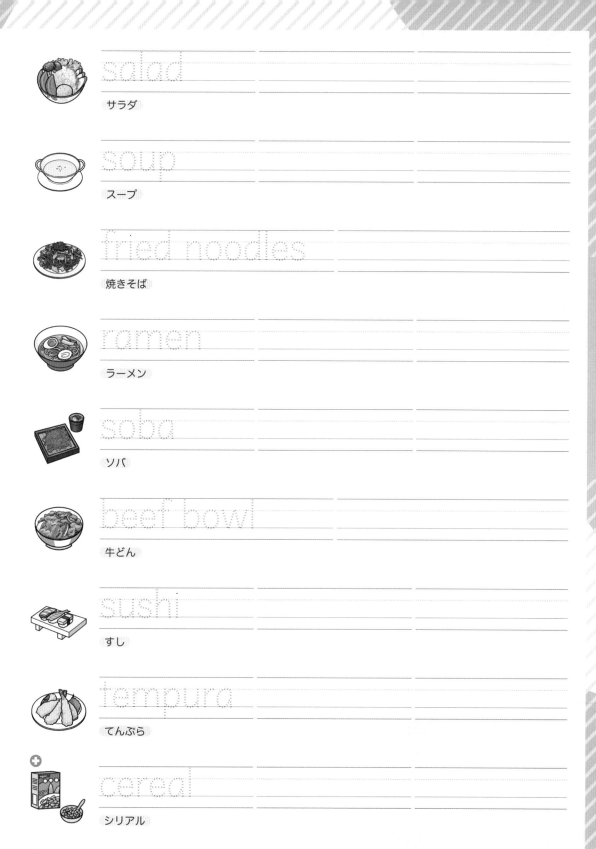

salad
サラダ

soup
スープ

fried noodles
焼きそば

ramen
ラーメン

soba
ソバ

beef bowl
牛どん

sushi
すし

tempura
てんぷら

cereal
シリアル

cheese fondue
チーズフォンデュ

fried egg
目玉焼き

jam
ジャム

miso soup
みそしる

toast
トースト

tuna bowl
マグロどん

yogurt
ヨーグルト

gyoza
ギョーザ

okonomiyaki
お好み焼き

7 飲み物

日本の水は安全でおいしいよ。

drinks

飲み物

coffee

コーヒー

tea

紅茶(こうちゃ)、茶

green tea

緑茶

juice

ジュース

soda

ソーダ

milk

牛乳(ぎゅうにゅう)

water

水

mineral water

ミネラルウォーター

barley-tea

麦茶

cola

コーラ

oolong

ウーロン茶

8 デザート

シュークリームは英語でクリームパフと言うよ。

dessert

デザート

cake

ケーキ

donut

ドーナツ

parfait

パフェ

pudding

プリン

ice cream

アイスクリーム

shaved ice

かき氷

chocolate

チョコレート

cream puff

シュークリーム

popcorn

ポップコーン

potato chips

ポテトチップス

 candy

キャンディー

 cookie

クッキー

 crepe

クレープ

jelly

ゼリー

⑨ 果物・野菜

日本のリンゴは蜜たっぷりでおいしいよ。

fruit

果物

vegetables

野菜

apple

リンゴ

banana

バナナ

bean

豆

broccoli

ブロッコリー

cabbage

キャベツ

carrot

ニンジン

cherry

サクランボ

corn
トウモロコシ

cucumber
キュウリ

eggplant
ナス

grapes
ブドウ

green pepper
ピーマン

kiwi fruit
キウイフルーツ

lemon
レモン

lettuce
レタス

melon
メロン

mushroom
キノコ

nut

ナッツ、木の実

onion

タマネギ

orange

オレンジ

peach

モモ

pineapple

パイナップル

potato

ジャガイモ

spinach

ホウレンソウ

strawberry

イチゴ

tomato

トマト

watermelon

スイカ

celery
セロリ

mango
マンゴー

olive
オリーブ

pear
セイヨウナシ

persimmon
カキ

pumpkin
カボチャ

radish
ラディッシュ

10 食事

日本の給食は栄養バランスが良くておいしいね。

meals
食事

breakfast
朝食

lunch

昼食

dinner

夕食

school lunch

給食

snack

おやつ

11 食材

海外では生たまごを食べる国は少ないよ。

meat

肉

beef

牛肉

chicken

とり肉

pork

ぶた肉

bacon

ベーコン

ham

ハム

cheese

チーズ

egg

たまご

fish

魚

salmon

サケ

octopus

タコ

crab

カニ

shellfish

貝

shrimp

エビ

squid

イカ

tuna

マグロ

salt

塩

sugar

砂糖(さとう)

(12) 味など

イチゴたっぷりのショートケーキが大好き！

bitter

苦い

sweet

あまい

salty

塩からい

sour

すっぱい

spicy

からい、ぴりっとした

delicious

とてもおいしい

soft

やわらかい

hard

かたい

cold

冷たい

hot

熱い

good

おいしい

great

すばらしい

bad

悪い

次のイラストにあたる英単語を書いてみましょう

① ②

13 動物

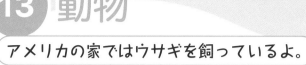

アメリカの家ではウサギを飼っているよ。

animals
動物

bear
クマ

elephant
ゾウ

tiger
トラ

lion
ライオン

horse
ウマ

zebra
シマウマ

camel
ラクダ

giraffe
キリン

gorilla

ゴリラ

monkey

サル

orangutan

オランウータン

panda

パンダ

koala

コアラ

dog

イヌ

cat

ネコ

fox

キツネ

rabbit

ウサギ

mouse

ネズミ

crocodile

ワニ

snake

ヘビ

frog

カエル

bird

鳥

polar bear

ホッキョクグマ

hippo

カバ

cow

ウシ

pig

ブタ

wild boar

イノシシ

kangaroo

カンガルー

deer

シカ

goat

ヤギ

sheep

ヒツジ

hamster

ハムスター

wolf

オオカミ

bat

コウモリ

chicken

ニワトリ

duck

アヒル

hawk

タカ

snail

カタツムリ

iguana

イグアナ

dinosaur

キョウリュウ

dragon

リュウ

phoenix

フェニックス

unicorn

ユニコーン

次のイラストにあたる英単語を書いてみましょう

① ② ③

36　答え　① lion　② cat　③ bird

14 自然

たくさんの外国人観光客が富士山に行くよ。

nature
自然

desert
砂漠(さばく)

forest
森

rainforest
熱帯雨林

lake
湖

mountain
山

river
川

savanna
サバンナ

sea
海

beach

海辺

hot spring

温泉(おんせん)

island

島

ocean

大洋

mudflats

ひがた

wetlands

湿地(しっち)

oasis

オアシス

pond

池

waterfall

たき

tree

木

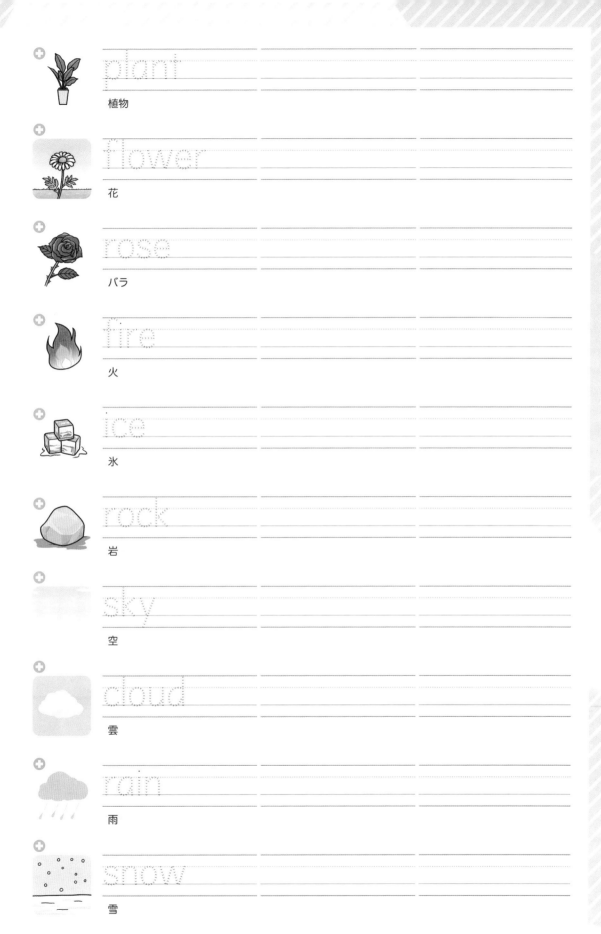

plant
植物

flower
花

rose
バラ

fire
火

ice
氷

rock
岩

sky
空

cloud
雲

rain
雨

snow
雪

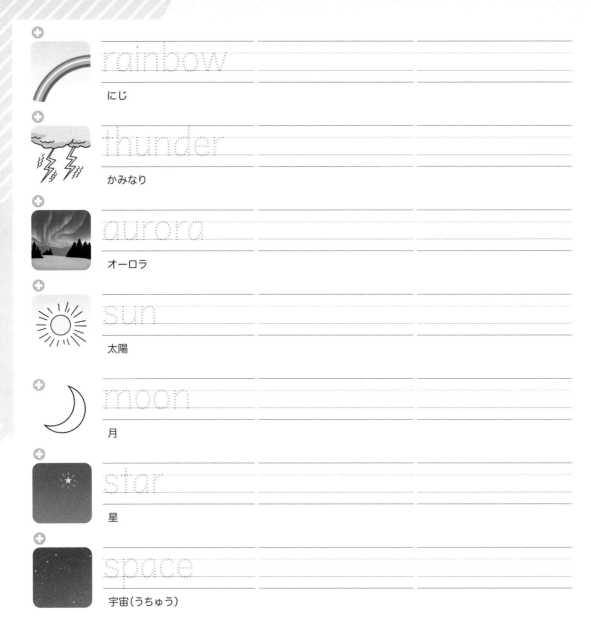

rainbow
にじ

thunder
かみなり

aurora
オーロラ

sun
太陽

moon
月

star
星

space
宇宙(うちゅう)

次のイラストにあたる英単語を書いてみましょう

①

②

③

　答え　① lake　② river　③ sea

15 海の生き物

日本は海に囲まれていて海産物がおいしいね。

sea animals

海の生き物

whale

クジラ

dolphin

イルカ

penguin

ペンギン

sea turtle

ウミガメ

fish

魚

shark

サメ

crab

カニ

jellyfish

クラゲ

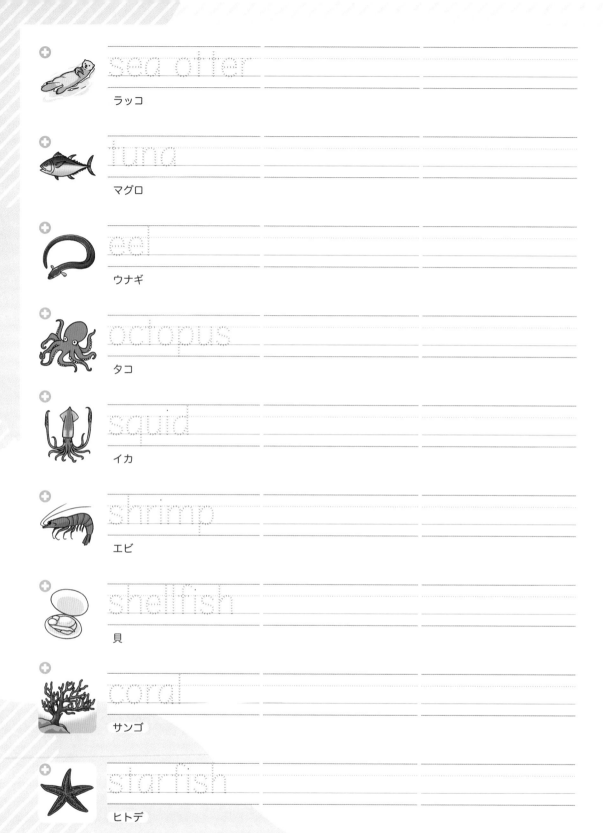

sea otter
ラッコ

tuna
マグロ

eel
ウナギ

octopus
タコ

squid
イカ

shrimp
エビ

shellfish
貝

coral
サンゴ

starfish
ヒトデ

16 虫

世界には未知の虫がたくさんいるよ。

bugs

虫

ant

アリ

beetle

カブトムシ

stag beetle

クワガタムシ

butterfly

チョウ

dragonfly

トンボ

grasshopper

バッタ

mantis

カマキリ

spider

クモ

cicada

セミ

firefly

ホタル

ladybug

テントウムシ

mosquito

カ

earthworm

ミミズ

次のイラストにあたる英単語を書いてみましょう

① ② ③

　答え　① ant　② beetle　③ spider

17 生き物の問題・できること

エコ意識を大切にしているよ。

forest loss
森林がなくなること

plant trees
木を植える

global warming
地球温暖化（おんだんか）

save energy
エネルギーを節約する

plastic
プラスチック

use eco-friendly bags
エコバッグを使う

refuse
ことわる

reduce
へらす

reuse

再利用する

recycle

再生利用する

hunting

かり

overfishing

魚の乱獲(らんかく)

air pollution

大気汚染(おせん)

chemicals

化学薬品

traffic accidents

交通事故(じこ)

18 月

ハロウィーンの由来はヨーロッパの祭りだよ。

months
月

1月

January
1月

2月

February
2月

3月

March
3月

4月

April
4月

5月

May
5月

6月

June
6月

7月

July
7月

8月

August
8月

9月

September

9月

10月

October

10月

11月

November

11月

12月

December

12月

one year

1年

次のイラストにあたる英単語を書いてみましょう

① 3月

② 7月

③ 10月

答え　① March　② July　③ October

19 日付

今日は何をしようかな〜。

dates
日付

1st first
1日

2nd second
2日

3rd third
3日

4th fourth
4日

5th fifth
5日

6th sixth
6日

7th seventh
7日

8th eighth
8日

9th ninth
9日

10th tenth
10日

11th eleventh
11日

12th twelfth
12日

13th thirteenth
13日

14th fourteenth
14日

15th fifteenth
15日

16th sixteenth
16日

17th seventeenth
17日

18th eighteenth
18日

19th nineteenth
19日

20th twentieth
20日

21st twenty-first
21日

22nd twenty-second
22日

23rd twenty-third
23日

24th twenty-fourth
24日

25th twenty-fifth
25日

26th twenty-sixth
26日

27th twenty-seventh
27日

28th	twenty-eighth
28日	

29th	twenty-ninth
29日	

30th	thirtieth
30日	

31st	thirty-first
31日	

次のイラストにあたる英単語を書いてみましょう

① 1st

② 3rd

③ 5th

④ 9th

答え ① first ② third ③ fifth ④ ninth

20 曜日

週末は自宅で音楽番組を見ようかな！

days

曜日

Sunday

日曜日

Monday

月曜日

Tuesday

火曜日

Wednesday

水曜日

Thursday

木曜日

Friday

金曜日

Saturday

土曜日

one week

1週間

21 季節

日本は桜（さくら）の木がいっぱいでお花見が楽しみ！

seasons

季節

spring

春

summer

夏

fall

秋

winter

冬

22 天気

わたしが生まれたボストンも雪がふるよ。

weather

天気

sunny

晴れている

cloudy

くもった

windy

風の強い

rainy

雨がふっている

snowy

雪がふっている

cold

寒い

warm

暖（あたた）かい

hot

暑い

humid

湿気（しっけ）の多い

次のイラストにあたる英単語を書いてみましょう

①

②

答え　① sunny　② cold

55

23 人

大石先生と英語の授業のアイディアをよく話すよ。

I

わたしは

you

あなたは、あなたを(に)

she

彼女(かのじょ)は

he

彼(かれ)は

we

わたしたちは

man

男性(だんせい)

woman

女性(じょせい)

boy

男の子

girl

女の子

children

子どもたち

child

子ども

classmates

クラスメート

friends

友達

baby

赤ちゃん

(24) 性格など
せ い か く

積極的に英語でコミュニケーションをしてみよう。

active

活動的な

brave

勇敢(ゆうかん)な

friendly

友好的な

funny

おかしい

kind

親切な

shy

内気な

smart

利口な

strong

強い

gentle

優(やさ)しい

(25) 家族

わたしは家族から笑顔(えがお)がすてきと言われるよ。

family

家族

grandfather

おじいさん

grandmother

おばあさん

grandparents

祖父母(そふぼ)

father

お父さん

mother

お母さん

parents

両親

me

わたしを(に)

brother

お兄さん、弟

sister

お姉さん、妹

uncle

おじさん

aunt

おばさん

cousin

いとこ

26 動作など（5年）

野球は得意で好きなスポーツだよ。

	spell	
つづる

like
好きである

listen
聞く

want
ほしい

play
〈スポーツなどを〉する

walk
歩く

run
走る

dance
踊（おど）る

jump
跳（と）ぶ

catch
とる、つかまえる

swim
泳ぐ

fly
飛ぶ

sing
歌う

cook
料理をする

have
持っている

go
行く

turn
向きを変える、曲がる

see
見る、見える

look
見る、目を向ける

drink
飲む

eat
食べる

buy
買う

27 動作など（6年）

『魔女の宅急便』が大好き！

speak
〈言語を〉話す

live
住む

make
作る

wear
身につけている、着ている

talk
話す

watch

〈テレビなどを〉見る

read

読む

help

手伝う

practice

練習する

clean

そうじをする

enjoy

楽しむ

visit

訪問〈ほうもん〉する

ride

乗る

come

来る

get

手に入れる

save

救(すく)う

stop

止まる

study

勉強する

join

参加する

work

働く

call

呼(よ)ぶ

chat

チャットする

check

確認(かくにん)する

climb

登る

collect

集める

cut

切る

dig

ほる

disappear

消える

draw

えがく

drive

運転する

feed

あたえる

grow

育てる

hit

打つ

hop

片足で跳(と)ぶ

hug

だきしめる

keep
保(たも)つ

kick
ける

meet
会う

mix
混(ま)ぜる

whip
あわ立たせる

put
置く

sit
座(すわ)る

sleep
ねむる

stand
立つ

teach
教える

travel

旅行する

try

試す

wait

待つ

wash

あらう

water

水をやる

write

書く

次のイラストにあたる英単語を書いてみましょう

❶

❷

答え　① make ② study

28 したこと

小さいころ野球のリトルリーグに入っていたよ。

ate
食べた

went
行った

saw
見た、見えた

had
持っていた

made
作った

enjoyed
楽しんだ

played
〈スポーツなどを〉した

watched
〈テレビなどを〉見た

29 頻度 (ひんど)

毎日、欠かさずそうじするよ。

always

いつも

usually

たいてい、ふだん

sometimes

ときどき

never

決して…ない

30 一日の生活

日本の音楽番組をよく見るよ。

morning

午前、朝

afternoon

午後

evening

夕方、晩(ばん)

night

夜

get up

起きる

comb my hair

髪(かみ)をとかす

take out the garbage

ごみを出す

get the newspaper

新聞を取る

have breakfast

朝食を食べる

brush my teeth

歯をみがく

go to school

学校へ行く

study English

英語を勉強する

have lunch

昼食を食べる

go home

家へ帰る

play soccer

サッカーをする

walk my dog

イヌを散歩させる

do my homework

宿題をする

have dinner

夕食を食べる

wash the dishes

皿をあらう

watch TV

テレビを見る

take a bath

風呂(ふろ)に入る

go to bed

ねる

clean my room

部屋をそうじする

play with my friends

友達と遊ぶ

31 衣類

緑色のぼうしを買ったよ。

clothes

衣類

shirt

シャツ

T-shirt

Tシャツ

sweatshirt

トレーナー

sweater

セーター

uniform

制服(せいふく)

pants

ズボン

jeans

ジーンズ

cap

〈ふちのない〉ぼうし

hat

〈ふちのある〉ぼうし

gloves

手ぶくろ

socks

靴下（くつした）

shoes

靴（くつ）

apron

エプロン

coat

コート

jacket

ジャケット

vest

ベスト

skirt

スカート

boots

ブーツ

glasses

メガネ

ribbon

リボン

32 からだ

ジェスチャークイズをみんなでやってみよう。

body

からだ

hair

髪（かみ）

head

頭

face

顔

shoulder

肩（かた）

hand

手

arm
腕（うで）

knee
ひざ

eye
目

ear
耳

nose
鼻

mouth
口

teeth
歯

neck
首

leg
脚（あし）

toe
足の指

tongue

舌(した)

elbow

ひじ

thumb

親指

nail

つめ

次のイラストにあたる英単語を書いてみましょう

① ②

③ ④

33 町

昔、ボストンとニューヨークを電車で移動したよ。

town

町

house

家

park

公園

library

図書館、図書室

museum

博物館、美術(びじゅつ)館

hospital

病院

bus stop

バス停(てい)

station

駅

police station

警察署(しょ)

fire station

消防署

post office

郵便(ゆうびん)局

bookstore

書店

restaurant

レストラン

supermarket

スーパーマーケット

castle

城(しろ)

shrine

神社

temple

寺

church

教会

aquarium

水族館

stadium

スタジアム

zoo

動物園

amusement park

遊園地

convenience store

コンビニエンスストア

elementary school

小学校

junior high school

中学校

bus
バス

taxi
タクシー

bike
自転車

train
電車

city
市、都市

city hall
市役所

bank
銀行

hotel
ホテル

kindergarten
幼稚(ようち)園

shop
店

flower shop

生花店（せいかてん）

department store

デパート

shopping mall

ショッピングモール

theater

劇場（げきじょう）

planetarium

プラネタリウム

dome

ドーム

tower

タワー

gas station

ガソリンスタンド

factory

工場

farm
農場

garden
庭

dam
ダム

airport
空港

bridge
橋

street
通り

airplane
飛行機

car
車

truck
トラック

van
ワゴン車

subway

地下鉄

unicycle

一輪車

boat

ボート

ship

船

yacht

ヨット

次のイラストにあたる英単語を書いてみましょう

①

②

③

　答え　① park　② zoo　③ bike

34 道案内

観覧車から町の風景を見てみたいな。

go
進む

straight
まっすぐに

turn
向きを変える、曲がる

right
右、右に

left
左、左に

see
見る、見える

up
上へ

down
下へ

block
一区画

corner

角

traffic light

信号機

35 位置

アメリカの家のウサギに会いたいな。

by

そばに

in

中に

on

上に

under

下に

もっとさまざまな国の文化を学びたいな。

subjects

教科

English

英語

Japanese

国語

calligraphy

書写

social studies

社会科

math

算数

science

理科

music

音楽

arts and crafts

図画工作

home economics

家庭科

P.E.

体育

moral education

道徳

period for integrated studies

総合(そうごう)的な学習の時間

homeroom

ホームルーム

37 学校

学校の机をいつもきれいにしているよ。

school
学校

classroom
教室

computer room
コンピューター室

entrance
玄関（げんかん）

gym
体育館

library
図書館、図書室

music room
音楽室

playground
運動場

school nurse's office

保健室

restroom

トイレ

swimming pool

プール

teachers' office

職員(しょくいん)室

school principal's office

校長室

38 文房具

ぶん ぼう ぐ

日本の文房具は使いやすいよ。

stationery

文房具

crayon

クレヨン

marker

マーカー

pen

ペン

pencil

えんぴつ

pencil case

筆箱

eraser

消しゴム

ruler

定規(じょうぎ)

glue

のり

scissors

はさみ

stapler

ホッチキス

notebook

ノート

pencil sharpener

えんぴつけずり

ballpoint pen

ボールペン

colored pencil

色えんぴつ

brush

絵筆

ink

インク

pin

画びょう

39 楽器

このギター、音色がいいね！

recorder

リコーダー

harmonica

ハーモニカ

triangle

トライアングル

piano

ピアノ

guitar

ギター

violin

バイオリン

drum

太鼓(たいこ)

xylophone

木琴(もっきん)

keyboard harmonica

鍵盤（けんばん）ハーモニカ

castanets

カスタネット

次のイラストにあたる英単語を書いてみましょう

①

②

③

④

⑤

　答え　① recorder　② piano　③ guitar　④ violin　⑤ drum

ライブのチケットをもらったよ。

bag

かばん

bat

バット

glove

グローブ

racket

ラケット

soccer shoes

サッカーシューズ

umbrella

かさ

glass

コップ

mug

マグカップ

textbook

教科書

comic book

マンガ本

dictionary

辞書

present

プレゼント

treasure

宝物(たからもの)

sticker

ステッカー

ticket

チケット

watch

腕(うで)時計

TV

テレビ

computer

コンピューター

smartphone

スマートフォン

tablet タブレット			
desk 机(つくえ)			
chair いす			
bed ベッド			
ball ボール			
basket かご			
book 本			
album アルバム			
box 箱			
calendar カレンダー			

card

カード、はがき

fan

扇子(せんす)

map

地図

picture

絵、絵画、写真

doll

人形

ring

指輪

clock

(置き[かけ])時計

camera

カメラ

telephone

電話

eco-friendly bag

エコバッグ

plastic bag

ビニールぶくろ

bucket

バケツ

garbage

ごみ

wheelchair

車いす

cup

カップ

fork

フォーク

spoon

スプーン

dish

皿

pot

深なべ

gate

門、ゲート

elevator

エレベーター

door

ドア、戸

key

かぎ

room

部屋

rug

ラグマット

quilt

キルト布（ぬの）

sofa

ソファ

table

テーブル

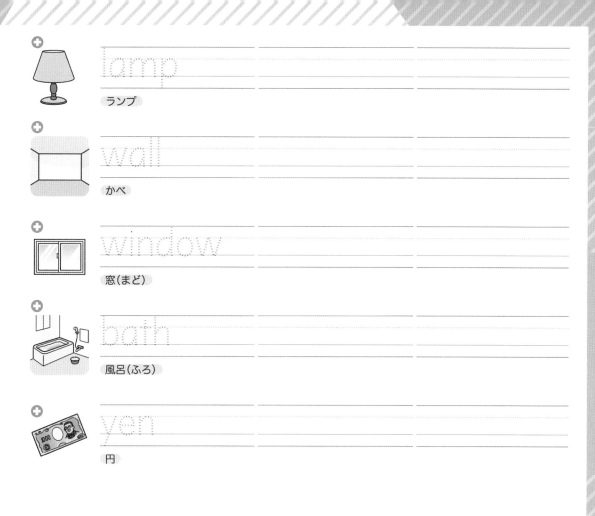

lamp

ランプ

wall

かべ

window

窓（まど）

bath

風呂（ふろ）

yen

円

41 遊びなど

ジョギングをすると気分がすっきりするよ。

camping

キャンプ

dancing

踊（おど）り

fishing

魚つり

hiking
ハイキング

shopping
買い物

reading
読書

drawing
絵(線画)をかくこと

jogging
ジョギング

skateboarding
スケートボード

swinging
ぶらんこ乗り

playing the piano
ピアノをひくこと

playing video games

テレビゲームをすること

seeing movies

映画を見ること

cards

カード、トランプ

jump rope

縄（なわ）とび

tag

おにごっこ

hide-and-seek

かくれんぼ

rock-paper-scissors

じゃんけん

running

ランニング

kite flying

たこあげ

top spinning

こま回し

playing dodgeball

ドッジボールをすること

playing the guitar

ギターをひくこと

playing the recorder

リコーダーをふくこと

going to concerts

コンサートに行くこと

42 学校行事

アメリカの小学校の卒業式は6月が多いよ。

school events

学校行事

field trip

遠足、社会科見学

school trip

修学(しゅうがく)旅行

chorus contest

合唱コンクール

volunteer day

ボランティアの日

drama festival

学芸会

music festival

音楽祭

school festival

学園祭

sports day

運動会

evacuation drill

避難(ひなん)訓練

swimming meet

水泳競技(きょうぎ)会

summer vacation

夏休み

entrance ceremony

入学式

graduation ceremony

卒業式

memory

思い出

fire drill

消防(しょうぼう)訓練

outdoor nature camp

野外自然キャンプ

(43) 年中行事

日本で初もうでに行ったことがあるよ。

birthday

誕生(たんじょう)日

New Year's Day

元日

Dolls' Festival

ひな祭り

cherry blossom viewing

花見

Children's Day

子どもの日

Star Festival

七夕

fireworks festival

花火大会

Halloween

ハロウィーン

Christmas

クリスマス

New Year's Eve

大みそか

snow festival

雪まつり

April Fool's Day

エイプリルフール

44 感想・様子

大石先生、サングラスが似合いますね！

good

良い

great

すばらしい、すごい

bad

悪い

nice

すてきな、親切な

amazing

おどろくほどすばらしい

fantastic
すばらしい、すてきな

wonderful
すばらしい、おどろくべき

beautiful
美しい

cool
かっこいい

cute
かわいい

favorite
お気に入りの

interesting
おもしろい

exciting
わくわくさせる

famous
有名な

popular
人気のある

colorful

色あざやかな

international

国際的(こくさいてき)な

fun

楽しい

special

特別な

45 状態
じょう たい

新しいかさを買ったから、雨の日も楽しみだよ。

big

大きい

small

小さい

long

長い

short

短い

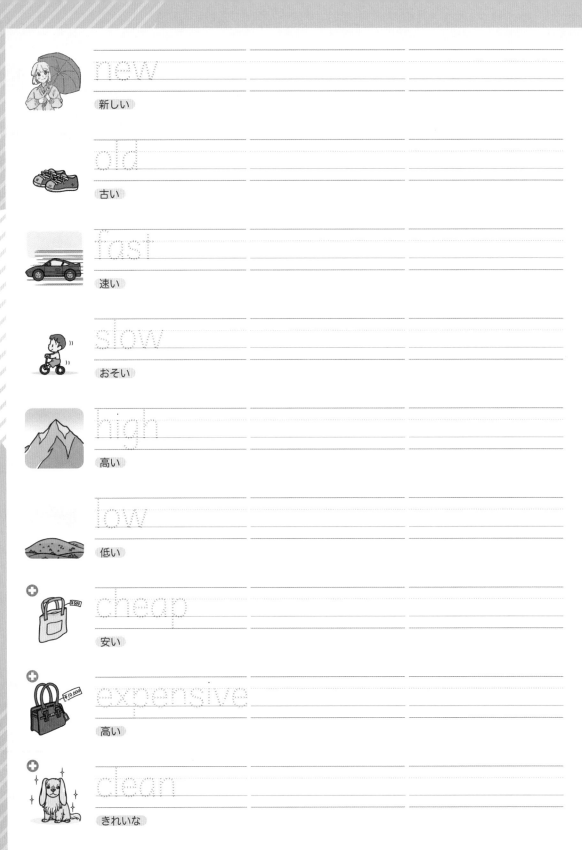

new
新しい

old
古い

fast
速い

slow
おそい

high
高い

low
低い

cheap
安い

expensive
高い

clean
きれいな

dirty
きたない

closed
閉(と)じた

open
開いた

easy
簡単(かんたん)な

difficult
難(むずか)しい

hard
かたい

soft
やわらかい

heavy
重い

light
軽い

inside
内側に

outside
外側に

same

同じの

different

ちがった

tall

高い

short

短い

young

若(わか)い

old

年をとった

次のイラストにあたる英単語を書いてみましょう

① ②

答え　① small　② fast

わたしの名字の由来は先祖のパン焼き職人だよ。

jobs

職業

artist

芸術(げいじゅつ)家

writer

作家

singer

歌手

comedian

お笑い芸人

doctor

医者

nurse

看護師(かんごし)

vet

獣医(じゅうい)

zookeeper

動物園の飼育(しいく)員

cook

コック、料理人

baker

パン焼き職人(しょくにん)

farmer

農場主

police officer

警察(けいさつ)官

fire fighter

消防士(しょうぼうし)

pilot

パイロット

programmer

プログラマー

office worker

会社員

astronaut

宇宙(うちゅう)飛行士

teacher

先生

researcher

研究者

scientist

科学者

flight attendant

客室乗務(じょうむ)員

baseball player

野球選手

mountaineer

登山家

now

今

future

未来、将来(しょうらい)

actor

俳優(はいゆう)

voice actor

声優(せいゆう)

idol

アイドル

musician

音楽家、ミュージシャン

businessperson

ビジネスパーソン

president

社長

cartoonist

漫画（まんが）家

designer

デザイナー

carpenter

大工

patissier

パティシエ

dentist

歯科医

pharmacist

薬剤師（やくざいし）

florist

生花店（せいかてん）の従業員（じゅうぎょういん）

bus driver

バス運転手

game programmer

ゲームのプログラマー

lawyer

弁護士（べんごし）

reporter

レポーター

kindergarten teacher

幼稚（ようち）園の先生

nursery school teacher

保育園の先生

soccer player

サッカー選手

figure skater

フィギュアスケート選手

king

王

queen

女王

47 部活動

あなたはどんな部活動をやってみたいかな？

club activities

部活動

baseball team

野球部

softball team

ソフトボール部

basketball team

バスケットボール部

volleyball team

バレーボール部

soccer team

サッカー部

tennis team

テニス部

table tennis team

卓球(たっきゅう)部

badminton team

バドミントン部

dance team

ダンス部

track and field team

陸上部

art club

美術(びじゅつ)部

cooking club

料理部

drama club

演劇(えんげき)部

brass band

ブラスバンド部

chorus

合唱部

broadcasting club

放送部

newspaper club

新聞部

photography club

写真部

gymnastics team

体操(たいそう)部

computer club

コンピューター部

English club

英語部

science club

科学部

自由ノート